MILO NELLA VALLE DEGLI ARCANI

(Alla ricerca del Mago senza tempo)

di
Paulo Albedo

IMMAGINE DI COPERTINA

particolare de "Il Mago"
Tecnica mista su carta
Edoardo Iosimi
www.iosimiedoardo.it

Paulo Albedo

MILO NELLA VALLE DEGLI ARCANI

(Alla ricerca del Mago senza tempo)

Illustrazioni di Edoardo Iosimi

A Chiara

IL PUNTO ZERO

Era appena passato il Natale e lui doveva andare, attratto dalle illusioni della vita.

Lei era seduta sul sedile posteriore dell'auto che sfrecciava verso l'aeroporto.

Aveva un nodo in gola ma non voleva piangere.

"Perché non stai un po' con me?"

"Devo andare. I miei amici mi aspettano e ormai ho già pagato le vacanze".

Lei voleva stare un po' con suo papà che vedeva così poco, ma allo stesso tempo non voleva essergli d'impiccio.

Lo voleva felice e avrebbe voluto far parte della sua felicità.

Avrebbe voluto essere la sua felicità.

Una lacrima discreta le segnò il volto, un pianto silenzioso, nessun capriccio ma solo un profondo e indescrivibile dolore.

Lui guardò distrattamente nello specchietto e per un interminabile momento il tempo si fermò. Un nodo gli si formò in gola, il suo cuore si gonfiò fino ad esplodere, gli occhi gli si velarono di lacrime, e capì.

Capì tutto quello che in milioni di anni non aveva capito,

"Vuoi che rimanga?"

"Mi piacerebbe tanto"

"Allora rimarrò!"

Girò l'auto e non si lasciarono mai più......

MILO NELLA VALLE DEGLI ARCANI

(Alla ricerca del Mago senza tempo)

In un tempo lontano, ma non troppo,
in un luogo lontano ma non troppo....

Milo era rimasto solo troppo presto. I genitori
lo avevano lasciato uno dopo l'altro.
Prima se ne era andato il padre, fiaccato da
una vita troppo dura e poi la madre,
consumata dal dolore per la perdita
dell'amato marito.

Nulla lo legava più a quei luoghi se non la
sua piccola casa e Pillo, il suo asinello bianco
e grigio che aveva visto nascere, col quale era
cresciuto e col quale amava scorrazzare su e
giù per il villaggio e la campagna.

Milo, da sempre, aveva avuto un
insopprimibile desiderio di viaggiare, di
conoscere nuovi luoghi e nuovi popoli.

Ma c'era dell'altro: per assurdo che potesse sembrare, sentiva nostalgia di casa, lui che non si era mai mosso dal villaggio dove era nato.

Da sempre aveva avuto la sensazione di essere nel mezzo di un viaggio la cui meta finale era il luogo indefinito da dove era partito.
Milo era curioso e tutte le volte che gli giungeva notizia dell'arrivo di una carovana o di qualche viandante giù al villaggio, correva ad ascoltare le storie che i viaggiatori raccontavano.

In particolare, aveva colpito la sua attenzione una storia sentita in più circostanze che narrava di un Mago che viveva alle sorgenti del fiume Crono, sulle cime dei monti Pug.

I racconti narravano di un Mago così potente da avere la capacità di fermare il tempo.

Molti uomini ricchi e potenti, attratti da questa prospettiva, lo avevano cercato, ma nessuno lo aveva trovato, nemmeno principi e re.

La leggenda raccontava che il Mago era stato un guerriero di un'armata invincibile e magica i cui guerrieri, che non conoscevano la paura, battevano i loro nemici senza nemmeno aver bisogno di combattere.

Milo fantasticava di formule e intrugli magici, così un bel giorno decise di partire alla sua ricerca.

Prese le sue cose, le caricò sulla schiena di Pillo e si aggregò a una carovana che stava andando nella direzione del fiume alle cui sorgenti, si diceva, vivesse il Mago circondato da una nuvola.

Dopo giorni e giorni di cammino, arrivarono sulle sponde del fiume. Milo salutò la compagnia e si diresse col suo asinello verso le montagne costeggiando la riva nel senso contrario alla corrente. Le cime innevate delle montagne si stagliavano maestose all'orizzonte, laggiù, oltre il bosco incantato che si trovava nella valle degli Arcani.

Camminarono ancora a lungo percorrendo un bel po' di strada. Giunto in una radura che annunciava l'inizio del bosco, udì in lontananza una voce che canticchiava una filastrocca strampalata. Era così stonata, ma così stonata che tutti gli stornelli sugli alberi si zittirono nell'udirla.

Dal sentiero sbucò uno strano tizio, aveva una camicia azzurra con una mantella gialla e rossa dal quale pendevano delle palline variopinte, dei pantaloni rossi laceri strappati sopra il ginocchio, un buffo copricapo con dei sonagli ed un fagotto legato ad un bastone posato sulla spalla. Procedeva aiutandosi con un altro bastone ed era seguito dal cane più strano che Milo avesse mai visto, infatti, guardandolo meglio, ebbe quasi il sospetto che non fosse un cane. Appena lo scorse, l'uomo, al quale pareva mancasse qualche venerdì, si avvicinò.

"Ohilà bel giovanotto, cosa ti porta in queste lande sperdute e perigliose?" domandò rivolgendosi all'asinello.

Milo capì che si trattava di un giullare e stette al gioco.

"Il mio amico è stato vittima di un incantesimo ed è stato trasformato in un asino.

Lo sto portando dal Mago della montagna perché mi è stato detto che può aiutarlo.

E voi chi siete signore?"

"Io? Disse il giullare indicandosi con fare enfatico tra il sorpreso e l'indignato. "Messere, ma come? Non avete mai udito parlare di me, perbacco?".

"Io sono nessuno, sono lo 0, ma anche il 22. Sono il principio ma anche la fine, sono il vagare della mente, l'irrazionalità e l'indisciplina. Sono qualunque cosa e anche nessuna, sono il paradosso, la purezza del cuore e l'incoscienza che può portare sia alla perfezione che alla rovina. Mi chiamano Il Matto, ma è una pura calunnia, sono solo il movimento contro la monotonia, sono gli schemi che sono andati in frantumi, sono la consapevolezza e la libertà al di sopra di tutto.

Siate quindi il benvenuto, Messere, nel mondo delle possibilità e delle opportunità inaspettate, seguite l'istinto e andate dove vi indica il cuore", disse inchinandosi e togliendosi il buffo cappello con un ampio gesto teatrale.

"Non troverete mai il Mago, ma se il vostro intento sarà puro e se lo vorrete sopra ogni altra cosa, sarà il Mago a trovare voi".

Così dicendo si rimise il cappello in un tintinnio di sonagli, roteò la testa e il braccio sopra di essa, come per indicare la scelta casuale di un cammino. Indicò l'Est, raccolse il suo fardello delle esperienze e degli errori e s'incamminò col mento all'insù, cantando a squarciagola la stessa ridicola filastrocca senza senso, seguito dal suo strano cane spelacchiato al quale mancava pure un pezzo di coda.

Milo ebbe così la conferma dell'esistenza del Mago. Un sottile senso di euforia pervase il suo corpo, si abbandonò sull'erba di un prato ai margini del bosco di faggi e querce, si infilò il gambo di una margherita in bocca e si addormentò placidamente con un sorriso soddisfatto dipinto sulle labbra, sotto un cielo di zucchero filato.

Si svegliò all'alba a causa dei morsi della fame. Notò un albero di fichi carico di frutti maturi e si avvicinò per prenderne qualcuno, mentre Pillo brucava tranquillamente nella radura.

Mangiò fino allo sfinimento, offrì qualche fico a Pillo che parve gradire molto, dopo di che andò al fiume a rinfrescarsi.

Poi mise alcuni fichi in una sacca e partì col suo amico asinello in direzione del bosco.

Vi si addentrò imboccando un sentiero ma
dopo pochi passi si arrestò.

Davanti a lui, appeso per un piede ad una
trave fissata orizzontalmente tra due alberi,
c'era un uomo a testa in giù.

"Buongiorno Signore, posso esservi di aiuto?"
chiese Milo con una punta di preoccupazione
mista a divertimento.

"Aiutarmi? E perché mai? Ti sembro forse in
difficoltà? Forse che la mia espressione
denota una qualche manifestazione di disagio
o una richiesta di soccorso?"
disse il tipo con tono scorbutico.

In effetti Milo notò che la persona era
perfettamente a suo agio.

La cosa si faceva interessante.

"E tu che stai in equilibrio su due piedi posati per terra? Non hai bisogno di aiuto?"

"Questa è la mia condizione naturale, sono nato appeso a testa in giù e sono secoli che sto così, e ci sto discretamente bene ad essere sincero. Dammi un fico per favore che non ho ancora fatto colazione." Disse scorgendo i due fichi che Milo teneva nella mano. Milo generosamente glieli passò entrambi.

"Uffa!" sbuffò l'uomo a testa in giù. "Ma non vedi che ho le mani legate dietro la schiena?"

Milo arrossì e si scusò, dopodiché lo imboccò gentilmente.

"A volte mi girano al contrario e allora sono dolori per qualcuno. Ma anche in questo caso rimango appeso. Appeso, ma mai a testa in su, sempre a testa in giù, ma al contrario. Non so se mi sono spiegato:"
disse biascicando un fico.

Milo non osò replicare e si presentò tendendogli la mano, dimenticando per un istante che l'uomo non gliela poteva stringere.

Nuovamente l'Appeso sbuffò d'impazienza:

"Piacere mio, io sono l'Appeso, se ancora non s'era capito. Ma puoi anche chiamarmi Le Pendu, El Colgado, The Hanged Man o Der Gehangte, vedi tu come ti viene meglio."

Milo decise che L'Appeso andava benissimo.

"Signor Appeso per caso conosce un tipo strano, che va in giro con uno strano cane che ha solo mezza coda, cantando orribili filastrocche?".

"E come no! Vedo che hai conosciuto il Matto.

Non dovrei parlare male dei colleghi ma quella cornacchia stonata è un vero tormento e purtroppo con le mani legate dietro la schiena non posso neanche tapparmi le orecchie, per la miseria!"

"Colleghi? Perché, che lavoro fate?"

"Io faccio l'Appeso, ti pare poco?" Poi, scrollò la testa muovendo vanitosamente i lunghi capelli che gli pendevano verso il suolo, si fece serio e con tono solenne aggiunse:

"Noi siamo gli Arcani Maggiori, ovvero i messaggeri dell'inconscio.

Io rappresento l'iniziazione, la crescita
verticale a cui stai andando incontro.
Non cercare lo studio e la sperimentazione...
Rimani immobile, disponibile alla ricettività
e all'ascolto, penetra l'essenza delle cose
capovolgendole, inverti la prospettiva,
abbandona i comuni schemi mentali,
attraversa l'esperienza della solitudine e del
dolore, fai spazio all'illuminazione, accetta e
trasforma il tuo sé.

*Io sono il talismano che proteggerà il tuo
passaggio in questo bosco maledetto.
Non ti attardare, devi attraversarlo prima
che cali la notte. Segui il sentiero e non
uscirne per nessun motivo perché non
troveresti più la via.
Stai attento ai predoni senza volto che
infestano questo luogo. Sono esseri mostruosi
e infidi che escono dalle profondità della
terra per rubarti il senno. Domina la paura,
non fuggire alla loro vista, non dargli mai le
spalle perché saresti perduto. Rimani
immobile e anche se sono orribili a guardarsi,
non abbassare mai lo sguardo.
Non pensare a nulla perché si nutrirebbero
dei tuoi pensieri di paura. Fissali negli occhi
che non hanno perché non sopportano di
essere osservati. Non odiarli e non temerli e
non potranno nulla contro di te. Amali e si
trasformeranno nei tuoi servi più fidati."*

A Milo un po' tremavano le ginocchia, ma sapeva che doveva continuare nel suo cammino.

Fece un profondo respiro, cercò con lo sguardo l'espressione impassibile di Pillo che aveva il potere magico di tranquillizzarlo. Aveva paura, ma sapeva che doveva dominarla, non poteva certo tornare indietro. Decise quindi di affrettarsi per evitare le ombre della notte.

"La ringrazio signor Appeso, farò tesoro dei suoi buoni consigli." Disse avviandosi verso il sentiero.

"Fa buon viaggio ragazzo e, ehm… potresti avvicinarti che devo chiederti una cosetta?".

Sembrava imbarazzato, si guardò intorno furtivo come se la questione fosse un segreto inconfessabile e volesse essere certo di non essere ascoltato. Bisbigliò qualcosa di incomprensibile che il ragazzo non riuscì a capire. Milo si avvicinò e tese l'orecchio chiedendogli di ripetere ed egli ancora bisbigliò. Fece un cenno di mancata intesa e avvicinò la testa quasi a contatto con la bocca rovesciata dell'uomo che nervosamente gli gridò nell'orecchio con tutto il fiato che aveva in gola:

"VORRESTI GRATTARMI IL NASO PER FAVORE?!!"

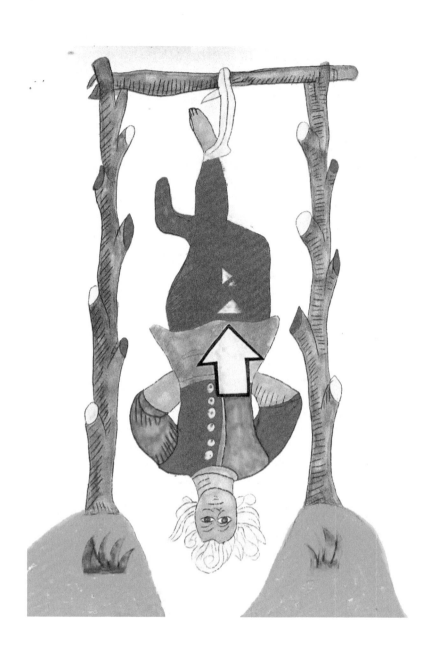

29

Quel bosco era al contempo sinistro e incantato e Milo, curioso com'era, finì per attardarsi.

L'oscurità ormai era incipiente e non si vedeva ancora la fine della fitta vegetazione.

Cominciò a preoccuparsi e ad accelerare il passo ma ormai si era fatto buio e vedeva a malapena il sentiero sotto i suoi piedi.

Strani rumori provenivano dal nulla. Versi di animali sconosciuti, fruscio di rapidi passi, sinistre risatine e bisbigli maligni. Sentì di essere osservato da esseri furtivi.
Un urlo terrificante lo fece sobbalzare.
Era il grido di un rapace notturno dagli occhi tondi e rossi che lo stava osservando da sopra un ramo e che si librò sopra le loro teste. Pillo ragliò spaventato e cominciò a correre all'impazzata lasciando Milo, con le sue paure, nel buio della notte. Per la prima volta in vita sua, era solo.

Mosse alcuni passi incerti cercando di non perdere il sentiero. Era una notte senza luna e l'oscurità era totale. Un senso di angoscia lo assalì fino a riempirgli gli occhi di lacrime. Si scosse, non doveva aver paura, avanzò ancora qualche passo ma si bloccò atterrito.

Di fronte a lui si stagliavano due figure gigantesche. Erano coperte da mantelli neri con un cappuccio che gli copriva solo la parte superiore della testa lasciando in mostra i volti grigi e vuoti.

Delle maschere inespressive, senza occhi, senza naso, orecchie e bocca.

Il cuore gli balzò in gola ed ebbe l'impulso di girarsi e scappare ma ricordò le parole dell'Appeso. Respirò profondamente e cercò di fermare il turbine di pensieri che gli affollavano la testa. Ricordò allora le parole della madre che per calmarlo quando era assillato dalle sue piccole paure di bambino gli diceva:
"Osserva il tuo respiro."

Si piantò quindi con i piedi per terra, lasciò andare i suoi pensieri e cominciò a osservare il respiro che entrava e usciva dalle sue narici. Entrò nel profondo lasciando l'agitazione della superficie della mente.

Gli esseri mostruosi si avvicinarono estendendo le braccia ossute dal quale pendevano mani nodose che sembravano artigli.

Strinse i pugni piantando i suoi occhi nei loro volti orribilmente inespressivi.

Più si avvicinavano e più aveva voglia di urlare ma si rese conto che man mano che si facevano più vicini, rimpicciolivano.

Sentì una forza sovrumana arrivargli da chissà dove. Focalizzò la sua attenzione sui volti grigi che seppur vuoti sembravano mostrare un'espressione di sgomento. I due si guardarono l'un l'altro e improvvisamente si afflosciarono come due palloncini bucati, fino a scomparire, lasciando al suolo i mantelli inanimati. Milo corse a perdifiato ma presto si accorse di aver perso il sentiero.

Si guardò intorno disperato. Era perduto!
Se almeno Pillo fosse stato lì con lui.

Miracolosamente, dal profondo del bosco uno sciame di lucciole apparve rischiarando la notte, istintivamente decise di seguirle e dopo qualche passo si ritrovò a camminare di nuovo sul sentiero.

Lo sciame si dileguò ma due lucciole rimasero a fargli strada. Capì di non essere da solo e con passo sicuro seguì le due amiche fino a che i primi raggi del sole non si fecero spazio tra i rami e le foglie.

Le due lucciole fecero un rapido volo intorno alla sua testa per accomiatarsi, poi sparirono nelle profondità del bosco. La radura alla fine del bosco era lì, a pochi passi da lui.

Trovò Pillo, ai piedi di un albero di mele che placidamente ne mangiava i frutti direttamente dai rami.

Le sue pezzature grigie erano scomparse, era completamente sbiancato dalla paura.

Quando lo vide ragliò alzando il muso al cielo e poi scrollò felice la testa e la criniera.

La rabbia di Milo per essere stato lasciato da solo svanì in un battito di ciglia.
Era così felice di aver ritrovato il suo amico di tante avventure, temeva proprio di averlo perso.

Voleva dirgliene quattro, ma non ne disse una. Abbracciò e bacio il muso dell'animale e si accomodò ai piedi dell'albero a mangiare anche lui qualche mela succosa.

Si era appena appisolato quando udì uno sferragliare di carri e cavalli. Si stropicciò gli occhi e cercò di vedere oltre i raggi del sole che lo abbagliavano colpendolo in volto.

Un carro tirato da cavalli si parò davanti a lui. Una voce altisonante tuonò.

"Salute a voi o prode cavaliere e al vostro eburneo destriero. Giunsero a noi gli echi delle vostre gesta nel bosco incantato e ci urge porgervi il nostro plauso e manifestarvi la nostra ammirazione".

A Milo parve di notare una risatina sulla bocca di Pillo.

L'uomo era un giovane e di bell'aspetto e atteggiamento regale. Aveva lunghi capelli biondi, una corona e uno scettro d'oro, i suoi abiti di tessuto pregiato erano di squisita fattura.

Portava una stola scarlatta su un abito azzurro e la sua vita era cinta da una cintura d'oro incastonata di pietre preziose. Il maestoso carro che conduceva era trainato da due possenti e scalpitanti cavalli, uno bianco e uno blu, ornati con paramenti rossi.

Milo non ebbe neanche il tempo di aprire bocca che il giovane lo inondò di nuovo col suo eloquio ridondante.

"Senza meno avrete udito parlare di me e delle mie imprese, a ogni buon conto permettete che mi presenti:

io sono l'Auriga Trionfante che percorre il mondo sul suo Carro. Sono l'emblema della vittoria, della maturità e di una nuova consapevolezza.

Sono il movimento e il viaggio e porto con me buona salute, progresso, prosperità e fiducia. Prometto trionfi, fortuna e superamento delle incertezze.

Sono la perfezione del numero sette, come le virtù e i vizi capitali, i giorni della settimana e le note musicali, i colori dell'arcobaleno e gli antichi pianeti."

In quel preciso istante lo scettro nella sua mano brillò come se avesse captato un'energia cosmica evocata dall'Auriga. Lo protese in avanti, indicando una direzione e continuò:

"Siate cauto nel vostro incedere e troverete ciò che cercate, non nascondete le vostre emozioni e troverete l'amore".

Accennò un breve inchino, scosse le redini e partì in un frastuono di zoccoli, ruote e sassi.

Milo proseguì nella direzione indicata dallo scettro.

Giunsero nuovamente al fiume che guadarono su una chiatta che galleggiava per miracolo, condotta da un vecchio con la faccia da rana e una pipa enorme in bocca.

Camminarono ancora un giorno quando la strada cominciò a salire. Ormai erano arrivati alle pendici dei monti Pug e Milo sentiva avvicinarsi il momento che tanto aveva sognato.

Salirono per una mulattiera per alcune ore, la stanchezza si faceva sentire, Milo aveva fame e cominciò a salirgli un certo sconforto. A un certo punto il sentiero si fece più largo e piano e in una piccola radura notò una baita sulla cui porta sostava una ragazzina con un secchio in mano. Aveva lunghe trecce bionde e una buffa faccetta piena di lentiggini.

"Ciao, mi chiamo Milo e lui è il mio asinello Pillo"

"Ciao io sono Dido." Rispose la ragazzina aprendo un gran sorriso.

Milo avvertì una vampata di timidezza al volto, sentiva di aver cambiato colore.

"Povero Pillo, devi essere proprio stanco e affamato." Posò il secchio pieno di latte e tolse la zavorra dalla schiena dell'asinello.

"Vieni, che ti presento Gina, la mia asinella." Disse prendendo gentilmente Pillo per la cordicella che aveva al collo. Lo portò nella stalla, fece le presentazioni e gli preparò biada e acqua fresca presa da una sorgente lì vicino.

Poi si dedicò a Milo, il quale era affamatissimo e stava sbavando nel vedersi davanti al naso quel secchio di latte meraviglioso. Entrarono in casa, dove sul tavolo, coperta da una tovaglia a quadretti rossi, c'era una pagnotta, e poi un vasetto di miele, una brocca d'acqua e un bicchiere di latte di capra, come se Dido avesse previsto il loro arrivo.

"Vi ho visto mentre salivate la mulattiera."

Disse la ragazza svelando il mistero.
Lo invitò a sedersi e a mangiare e Milo, che ormai aveva la pancia che borbottava da giorni, si buttò sul cibo suscitando la sua ilarità.

Una capretta fece capolino sulla porta di casa incuriosita.

"Lei è Stille, il latte è il suo".

Milo fece un cenno di ringraziamento verso la capretta, la quale parve contraccambiare agitando il capo.

Due cornacchie, là fuori, cominciarono a gracchiare in modo assordante.

Dido alzò gli occhi al cielo e indicando la finestra sospirò: "E questi sono Bulino e Puntasecca, i miei vicini di casa. Sono una coppia complicata, litigano in continuazione."

Dido non chiese nulla, né da dove venissero né dove stessero andando, sembrava che avesse già tutte le risposte.
Né a Milo venne in mente di chiedere nulla di lei e della sua famiglia.

Dormì per quasi due giorni e si svegliò col profumo del pranzo che Dido stava preparando.

Aveva una voragine nella pancia e non sapeva come ripagare Dido di tanta ospitalità.

"Non ti preoccupare Milo, un giorno, se Dio vorrà, mi farai un bel regalo,
ma ora mangia che diventa freddo".

Milo passò giorni bellissimi con Dido. Corsero per i prati, raccolsero i fiori e le more, mangiarono le susine prese dall'albero, cercarono i favi per il miele, munsero la capretta e bevvero il suo latte fresco, fecero il bagno nella cascata e guardarono le stelle cadenti.

Ma per quanto si sentisse in paradiso, Milo sapeva che il momento di proseguire stava arrivando. Per quanto stesse bene con quella ragazzina magica, un impulso incontenibile gli diceva di andare. Qualcosa o qualcuno lo stava chiamando.

"Da qui in su dovrai andare da solo, non potrai portare Pillo con te, per lui sarebbe troppo pericoloso, e poi lui qui è contento."

Pillo annuì energicamente col testone non lasciando adito a dubbi. Milo salutò l'amico e s'incamminò con lo zaino in spalla accompagnato per un po' dalla capretta e salutato dalla coppia di cornacchie.

Dido da lontano lo salutò ancora una volta con la mano. Lui avrebbe voluto accomiatarsi con un bacino, ma il solo pensiero gli aveva fatto prendere tutti i colori dell'arcobaleno.

Cominciò a inerpicarsi sul sentiero di ciottoli e quanto più saliva più il desiderio di proseguire aumentava.

Si fermò a guardare lo spettacolo che gli si parava davanti. Tutta quella maestosità lo faceva sentire un tutt'uno con l'universo e non una minuscola frazione di esso.

Respirò profondamente e in quel preciso istante cominciò a percepirsi come se il corpo non fosse più il suo. Si sentiva come un ospite che lo occupava.

Una sensazione di esistere lo pervase e per un istante ebbe la certezza di essere immortale.

Si sedette ai bordi del sentiero con le gambe incrociate, chiuse gli occhi, la brezza spazzò i pensieri dalla sua mente, cominciò a sentire l'aria fresca che entrava e usciva dai suoi polmoni e una dopo l'altra le parti del suo corpo.

Il tempo si fermò e Milo non percepì che
l'aria si stava facendo sempre più fredda.

Rimase in quello stato sospeso per un tempo
indefinito ritrovandosi, senza accorgersene,
in mezzo ad un'inaspettata bufera di neve.

Si era fatto improvvisamente buio, si alzò,
ma si sentiva indolenzito dal freddo. La casa
di Dido era troppo lontana, ma forse, se si
fosse affrettato, sarebbe riuscito a
raggiungerla.

Decise di ritornare sui suoi passi e si
precipitò correndo lungo il sentiero, inciampò
e cadde facendosi male a una gamba.
Il freddo intenso stava prendendo il
sopravvento, le forze gli stavano venendo
meno. Pregò e chiese aiuto al cielo.

Improvvisamente gli parve di vedere la luce
di una lanterna provenire da un'apertura
nella roccia. Tra il buio e i vortici di neve
non riusciva a vedere chiaramente, temeva
fosse un miraggio perché era sicuro di non
averla vista prima. Zoppicando si avvicinò
ed entrò.

Vicino a una lanterna illuminata, in piedi,
dietro ad un tavolino su cui erano appoggiati
dei dadi da gioco, una coppa, un coltello e un
bicchiere, c'era un uomo vestito di rosso e di
blu che in testa portava un curioso cappello
con una grande falda e che stava
armeggiando con una bacchetta che teneva
nella mano sinistra.

Milo tremava come una foglia, non si sentiva
più le mani e i piedi e non riuscì a proferir
parola.

L'uomo, per nulla sorpreso, gli sorrise e gli indicò la coppa sul tavolo che conteneva del liquido biancastro.

Milo si avvicinò esitante, prese la coppa con le mani tremanti e la portò alla bocca.

Bevve un sorso e sentì la consistenza del liquido sulla lingua e poi scendergli in gola.

Istantaneamente sentì una vampata provenirgli dalle viscere. Un calore fortissimo che si estese rapidamente ai suoi arti e al suo volto facendolo sudare a fiotti.

In pochi secondi le sue articolazioni avevano ritrovato le loro funzioni, si sentiva di nuovo bene, forte e lucido come non mai.

Si sedette su una piccola botte posata sul pavimento rielaborando gli avvenimenti. Rimase in silenzio per alcuni minuti per metabolizzare quanto accaduto, poi realizzò che era giunto alla sua meta.

Un sottile torpore lo avvolse in una
sensazione di pace mista a gioia, si coricò su
un mucchio di paglia e in pochi secondi cadde
in un sonno profondo.

"Mangia" gli disse in tono gentile l'uomo
porgendogli una ciotola con un impasto
giallognolo misto a bacche, mirtilli e noci.

Milo si stropicciò gli occhi, prese un po' di
cibo e lo infilò nella bocca ancora impastata
dal sonno. Era buono, anche se non riusciva a
capire cosa fosse quell'intruglio.

I pensieri cominciarono ad affollargli la
mente, riprese ad analizzare gli eventi
accaduti portando meccanicamente il cibo
alla bocca, assaporandolo distrattamente.

"Perché non mangi?"

La voce dell'uomo era calma, ferma, decisa, gli occhi profondi e penetranti esprimevano una calma infinita mista ad una grande forza.

I capelli, biondi e ondulati gli cadevano sul collo, spuntando da sotto quello strano cappello che gli ricordava il simbolo dell'infinito.
Milo non riusciva a dargli un'età.

Arrossì: "Io...io sto mangiando" balbettò.

"Tu non stavi mangiando, tu stavi inconsapevolmente infilando delle cose nella tua bocca, completamente assorbito dai tuoi pensieri. Tu non eri presente, non eri lì, eri da un'altra parte, in balia dell'attività della tua mente, la quale vagava rimuginando su un ipotetico futuro o ruminando avvenimenti di un passato che non c'è più in un dialogo interno senza fine.

E così ti sei dimenticato del momento
presente, ti sei dimenticato di te e di quello
che stavi facendo. Ti sei dimenticato di
assaporare il cibo che ti ho offerto.

Questo stato di assenza equivale al sonno e ti
fa perdere gran parte delle ricchezze delle
esperienze della vita che finiscono per
scivolare via senza essere realmente vissute.

Ed è così che procede la tua vita, tra il sonno
orizzontale, cioè quando ti riposi e il sonno
verticale, quando credi di essere sveglio senza
esserlo".

Milo tentò di giustificarsi.

"In questi giorni sono successe così tante cose
ed io stavo pensando all'accaduto."

"Tu stavi pensando?" scandì l'uomo senza età.

"Tu non stavi pensando perché non eri
consapevole di pensare, era la tua mente che
stava pensando e tu eri catturato dalla sua
attività."

"Il vero Mago, quando sta mangiando, sa di mangiare e mangia con tutto se stesso, quando sta bevendo, sa di bere e beve con tutto se stesso e quando sta pensando è consapevole che sta pensando, non diventa i suoi pensieri. Il vero Mago è sempre presente a se stesso nel momento presente."

"Posso chiederti chi sei?" Chiese timidamente Milo cercando di avere una conferma.

"Io sono la vera essenza dell'uomo la cui missione è conseguire l'unione tra spirito e materia.
Sono la capacità di apprendimento e di portare a compimento.
Sono la serenità e la presenza, l'intuizione e l'ottimismo, la fiducia e la sicurezza in se stessi. Tanti mi cercano per soddisfare gli insignificanti bisogni della personalità, i pochi che mi trovano ricercano sinceramente la via.
Sono la prima carta del mazzo, puoi chiamarmi Mago, o se preferisci Bagatto e sono al tuo servizio."

Il cuore di Milo cominciò a battere forte per
l'emozione.

"La vera questione, però, quella per cui sei
qui, è sapere chi sei TU".

Disse pronunciando marcatamente il TU.

"Ora torna a mangiare e questa volta cerca
di farlo rimanendo presente a te stesso.
Sii presente mentre osservi attentamente la
composizione del cibo, mentre lo annusi
intensamente percependone la fragranza.
Devi esserci mentre osservi i movimenti delle
parti del tuo apparato che lo stanno portando
alla bocca.
Una volta in bocca, sentine la consistenza e
gustane il sapore, qui e ora.
Osserva quindi la tua intenzione di ingerirlo
e infine deglutisci sentendo il boccone che
scende giù nella gola.

Questo tipo di attenzione consapevole, di presenza, un giorno dovrebbe diventare il tuo stato abituale."

Milo cercò di seguire le indicazioni del Mago, ma per quanto provasse, la mente faceva capolino continuamente distraendolo dal momento presente.

Il Mago sembrò intuirlo e cercò di rincuorarlo.

"Non perderti d'animo, non è importante il risultato, quello che importa è lo sforzo."

Quando ebbe terminato di mangiare il Mago continuò.

"Tu non sei niente di quello che pensi di essere e col quale ti sei completamente identificato.

Non sei il tuo corpo fisico limitato e mortale, non sei la tua mente né tanto meno le emozioni che provi.
Tu sei altro.
Tu sei l'essenza aldilà dei pensieri, la presenza, la pura sensazione di esserci e di esistere.

Tu sei un'entità illimitata e immortale che si è dotata di un apparato psico-fisico per fare un'esperienza nella materia. Ma una cosa è dotarsi di qualcosa, altra cosa è credere di essere quella cosa. A meno che tu non abbia mai pensato di essere un carro solo perché ti ha portato da qualche parte.

Questo essere, che chiameremo Anima, ha deciso il periodo storico, il contesto, la famiglia, il ceto, l'estrazione sociale, il sesso, l'aspetto fisico, insomma le condizioni generali che ha ritenuto più consone per svolgere la missione che si è data.

Tu, l'Anima, che è la parte più sconosciuta di te, ha una sua storia e si porta dietro il suo bagaglio fatto di punti di forza ma anche di debolezze.

E' stato un impulso della tua Anima ad averti portato qui. Chi ti ha fatto proseguire il viaggio nonostante i disagi e i pericoli, chi ti ha parlato attraverso gli Arcani, chi spinge per tornare alla sua vera casa, è sempre e solo la tua Anima.

La mente, che fino a poco fa credevi essere te, è solo un organo dell'apparato psico-fisico di cui l'Anima si è dotata e come tale andrebbe trattata.

Come tutti gli organi, la mente possiede una sua funzione specifica.

Se il compito del cuore è quello di pulsare migliaia di volte in un giorno per garantire il flusso del sangue agli altri organi, il compito della mente è quello di decifrare, analizzare e poi evitare le situazioni di dolore e pericolo, allo scopo di far sopravvivere l'apparato di cui fa parte il più a lungo possibile.

Un organo fondamentale senza il cui apporto vivremmo sì e no il tempo che impiega una foglia morta a cadere al suolo.

La mente è obbligata a sentire paura, a reagire e a comportarsi come si comporta, non può fare altrimenti, come il cuore non può fare a meno di pulsare.

Ma se TU, l'Anima, ti identifichi con la mente, ne vieni completamente assorbita arrivando a comportarti come lei.

E' come se un'aquila credesse di essere un pollo e cominciasse a razzolare.... alla lunga potrebbero sorgere dei problemi!

Per vivere pienamente una vita da aquila devi prima smettere di credere di essere un pollo, prendendo coscienza del tuo essere aquila e poi comportandoti di conseguenza.

Il primo e fondamentale passo per prendere coscienza di te è usare l'attenzione consapevole, la presenza, per osservare tutte le manifestazioni dell'apparato psico-fisico.

Osserva i pensieri che sorgono nella tua mente, le tue reazioni agli eventi, la tua irritazione, il tuo fastidio, il rossore che divampa sulle tue guance, il tuo impeto, la tua rabbia, le tue paure.

Osserva il tuo corpo mentre si destreggia nelle attività quotidiane e i sintomi che manifesta.

Osservati quando mangi, quando bevi, quando cammini, quando ti spogli, quando ti vesti, quando fai il bagno e quando ti lavi i denti.

Rimani nella sensazione di esserci, sii consapevole di te che stai osservando mentre osservi gli alberi, le foglie, il mare, la pioggia e gli occhi della tua innamorata.

Nota come la presenza escluda la mente e le sue preoccupazioni.

Nota la differenza tra lavarsi distrattamente il viso al mattino e la piacevolezza che provi nel sentire l'acqua fresca che bagna la tua pelle mentre sei presente a te stesso o la differenza che passa tra passeggiare con la testa avvolta in un turbante di pensieri e il godere pienamente di tutto ciò che c'è intorno a te.

Non fare nulla, non cercare risultati, osserva, osserva e basta, fermo, immobile, senza giudicare, perché il giudizio altro non è che una trappola della mente che avendo la necessità di classificare qualsiasi cosa in buona o cattiva ti fa perdere la presenza.

Realizza che TU sei il fulcro, colui che osserva qualcosa che apparentemente è esterno a sé.

Osservati tutte le volte che ti ricordi di farlo, fino a che sentirai che la coscienza di te, l'osservatore e l'attività dell'apparato psico-fisico saranno fenomeni distinti.

Lascia andare quelle emozioni e quei pensieri
ripetitivi che la mente vuol trattenere.
Spesso lei rimane attaccata a pensieri ed
emozioni piacevoli cercando di prolungarli, o
tende a rievocare ossessivamente quelli che
non sono affatto piacevoli nel tentativo di
evitarli.

Non rimanerne intrappolato, osservali e
coscientemente lasciali andare.

Abita nel momento presente, godine
pienamente l'essenza e ringrazia per tutte le
cose che succedono nella tua vita; buone, che
dai per scontate o fastidiose che siano.

Più sarai sinceramente grato e più
avverranno cose di cui essere grato.

Vivi nella meraviglia di chi ha aperto gli
occhi per la prima volta.

Non sarà facile, sarà una lotta dura perché la mente, che ha un po' di manie di protagonismo, tenterà sempre di farti perdere la presenza, di farti dimenticare, di assorbirti nelle sue paturnie e nel suo girovagare.

Lei vive e sopravvive nel tempo, si nutre di passato e futuro, non c'è spazio per lei nel qui e ora, quindi sgomita, urla e strepita cercando di distrarti dal presente.

Insisti, non demordere, abbi fiducia e pazienza e sentirai che lo sforzo e la pratica costanti faranno diventare sempre più forte e grande l'osservatore trasferendo al territorio della coscienza ciò che adesso è confinato nel territorio dell'incoscienza.

Nulla passerà più inosservato, assumerai il controllo cosciente dell'apparato psico-fisico e arriverai naturalmente a ottenere l'apertura del Cuore, ovvero uno stato emotivo superiore di innamoramento per la vita e le sue manifestazioni. Uno stato in cui quelli che prima erano visti come problemi non saranno più percepiti come tali e come tali cesseranno di manifestarsi."

Milo ricordò di come aveva fantasticato su quell'incontro e sorrise.

Aveva immaginato rituali e invocazioni di divinità, incensi e formule magiche, alambicchi e pentoloni ribollenti di pozioni. Ora sapeva che non era niente di tutto ciò.

Ne era rimasto un po' deluso, ma si rendeva conto che la sua delusione era frutto delle sue aspettative e che le aspettative erano solo un castello di sabbia creato dalla sua mente.

Il Mago era uscito dalla grotta, e Milo decise di mettere subito in pratica i suoi insegnamenti.

Uscì anche lui per sgranchirsi le gambe. Fece alcuni respiri profondi per zittire il chiacchiericcio della mente e poi mosse alcuni passi cercando di rimanere presente a se stesso, di mantenere l'attenzione sui suoi movimenti.

Immediatamente si rese conto che erano più coordinati, precisi, intensi, centrati, carichi di equilibrio ed energia.

Il Mago tornò con il suo strano cappello ricolmo di noci che gli offrì senza toccarne una.

Milo ne mangiò alcune cercando di rimanere in presenza.
Erano infinitamente più buone del solito.

"Sii disciplinato, inizialmente basteranno pochi minuti al giorno. Aiutati a ricordare determinando in precedenza le attività durante le quali dovrai essere presente.

Per esempio, quando mangi, quando ti lavi o magari quando cammini.

Scegli tu quelle che ti sono più congeniali.

Fai che diventi un'abitudine.
Senza una ferrea volontà, disciplina e
determinazione non otterrai nulla.

La libertà ha un suo prezzo, ma per i pigri è
preferibile continuare a dormire nel conforto
di una cella piuttosto che scavare a mani
nude per trovarla. Anche perché i più
neanche sanno che c'è una libertà da
raggiungere.

Falla diventare una questione di vita o di
morte, perché sarai al sicuro solo quando non
sarai più succube della mente e ti sarai
affrancato dalla gabbia di condizionamenti
che ti imprigionano.

Accetta il momento presente poiché in ogni
istante della tua vita ti accade esattamente
ciò che TU inconsciamente vuoi per la tua
crescita interiore e la tua liberazione, anche
quando non comprendi il senso di certi
eventi.

Non lamentarti mai della realtà che ti si prospetta, perché la lamentela è dovuta alla tua identificazione con la mente la quale, non avendo il controllo sulla TUA volontà, quando le cose non vanno come vorrebbe, pensa di star subendo un destino ingrato e casuale.

Non esistono destini ingrati e casuali. Non siamo dentro un pentolone universale dove le cose accadono a casaccio e basta".
Se fosse così la vita sarebbe una cosa ben triste e banale.

Come puoi lamentarti della realtà se SAI che sei TU a crearla?

Come puoi aver paura delle prove che la vita ti presenta se SAI di esserne TU l'origine?

Come puoi essere divorato dall'ansia per il tuo futuro se SAI che sarai TU a deciderlo?

Se SAI che sei TU il responsabile cambia tutta
la prospettiva.

TU sei il Re, il padrone e il creatore della
realtà, e un Re non si lamenta mai perché
può tutto.
Ha lui il potere. TU sei il Re, ma non lo sai.

In ogni momento devi SENTIRE che sei TU a
produrre l'evento che ti sembra esterno.
SENTI che sei TU l'anima creatrice,
immedesimati con lei, diventa lei, SII lei, e
quando SARAI lei i SUOI desideri saranno i
TUOI desideri e non potranno che coincidere
con la realtà".

Dall'espressione divertita del Mago
Milo percepì che probabilmente un gigantesco
punto interrogativo gli si era dipinto sul
volto.

"Perché allora non creo che vivo in un
castello pieno di ogni ben di Dio? L'ho sempre
desiderato." Replicò.

"Non confondere i desideri della tua mente
con le necessità dell'Anima.

Vivrai in un castello se questo sarà utile ai
suoi piani evolutivi.

Alla tua anima poco importa dei piccoli
bisogni di conforto della tua personalità e se
per evolvere avrà la necessità di farti
camminare sui carboni ardenti, manipolerà
la realtà affinché ciò avvenga."

Milo deglutì.

Il Mago si sciolse in una risata: "Ma tu puoi
stare tranquillo, non sarà il tuo caso."

Stava scendendo la notte, accesero un fuoco vicino all'ingresso della grotta e se ne stavano lì, in silenzio, a guardare le fiamme e la brace, scaldandosi le membra infreddolite.

Il Mago si alzò, prese una pentola, la riempì con della neve e la posò sul fuoco.

Milo sorrise tra sé e sé perché per un istante ricordò quell'immagine stereotipata del Mago col pentolone che lo aveva accompagnato fin da bambino. Si divertì a immaginare l'uomo che estraeva dalla tasca qualche polvere magica, magari qualche organo di pipistrello o qualche dente di rettile estinto.

Ritornò con la mente al suo fido amico Pillo, chissà se sarebbe tornato del suo colore naturale?

Era sicuro che fosse ben accudito e magari si era anche innamorato.

E pensò a Dido e a quello sfarfallio allo stomaco che provava quando lei lo guardava.

C'erano un paio di questioni che lo
incuriosivano particolarmente e le domande
gli ronzavano nella testa fin da quando
aveva realizzato di essere al cospetto del
Mago, che si diceva, avesse il potere di
fermare il tempo.

Ma era intimorito ed esitava.

Un punto in mezzo alla sua fronte cominciò a
pulsare insistentemente. Non gli era mai
successo prima e non capiva cosa fosse.

"Non ti preoccupare, è solo il tuo terzo occhio,
quello che abbiamo in mezzo alla fronte
 e che ci permette di vedere oltre la visione
ordinaria,
che si è attivato."

Poi, come se leggesse nei suoi pensieri disse:
"Chiedi pure".

Milo prese coraggio e chiese: "Dicono che hai
più di mille anni."

"Che impudenza! Chi ha osato?! Non si dice mai l'età di un Mago!" Esclamò scherzosamente.

"A dire il vero sono molti, ma moooooolti di più! Non li dimostro, vero?
Ti chiederai come faccio, quale pozione magica renda questo possibile, quale unguento miracoloso renda il mio aspetto così giovanile e la mia pelle così liscia e senza rughe."

Rispose toccandosi il viso con un dito in un gesto che voleva fingere malcelata vanità.

"Ti svelerò il mio segreto di bellezza. Ebbene sì, l'unguento miracoloso esiste, è alla portata di tutti, è completamente gratuito e si chiama Amore.

Amore incondizionato, senza restrizioni e senza pretese. Amore svincolato da tutto e da tutti.

Amore regalato e mai barattato. Il luogo dove più ho amato è stato il campo di battaglia.

Amare i tuoi nemici è un vero balsamo per il Cuore, il punto più alto che un essere umano possa mai raggiungere.

Amare qualcuno che ti vuole baciare è facile, prova però ad amare qualcuno che ti vuole infilzare brandendo una spada!"

Milo rimase pensoso e in silenzio per alcuni minuti, poi continuò:

"Dicono che hai il potere di fermare il tempo".

Il Mago sorrise: "Vivere nel momento presente è già fermare il tempo, ma la verità è che neanche il più potente dei maghi può fermare ciò che non esiste."

La risposta lasciò Milo di stucco. Il Mago
proseguì:

"Le cose che sto per dirti non hanno nulla di
religioso o spirituale, sono solo la spiegazione
di com'è la realtà.
Un giorno, non troppo lontano, queste cose
saranno scritte sui libri e le insegneranno
nelle scuole perché delle anime molto evolute,
riunite in un gruppo di scienziati,
riusciranno a dimostrarle
matematicamente."

A Milo venne un leggero capo-giro.

"Respira a fondo, tieniti forte e preparati a
entrare nel mondo del paradosso, quel mondo
che la razionalità della mente, nella sua
limitatezza, non può afferrare.

Il tempo non esiste, è un'illusione della percezione. Non esiste il passato e non esiste il futuro, esiste un unico momento presente in cui sono condensati futuro e passato.

Non esistendo il tempo, non può esistere nemmeno lo spazio e se non esistono tempo e spazio non possono neanche esistere le cose nella forma in cui noi le percepiamo.

Già nell'antichità pensavano che alla base della materia ci fosse un minuscolo mattone chiamato atomo.

Ciò è vero, ma c'è un però, un grande però. L'atomo non è un corpo solido, semplicemente perché al suo interno è praticamente vuoto.

Quindi se l'elemento base che costituisce la materia non è solido, la materia non può essere solida come ci appare. Quel tavolo, quel masso, quell'albero, tu, io e tutto il resto, non siamo nulla di fisico.

Già questo dovrebbe bastare a convincerti che là fuori non c'è nulla e che la realtà è solo dentro di te."

"Ma allora noi chi siamo?" Balbettò Milo.

Il Mago lo guardò con uno sguardo che esprimeva un'infinita e rassicurante tenerezza:

"Noi siamo la Coscienza, la Consapevolezza Infinita ed Eterna, noi siamo l'UNO senza tempo, la sola cosa che esiste veramente.

Eternità e Infinito sono le uniche certezze: tutto il resto è ciò che la Coscienza sceglie di creare al loro interno.

Un'unica Coscienza Infinita che fa esperienza di se stessa. Siamo tutti quella Coscienza Infinita in forme differenti, espressioni dello stesso oceano immutabile che alcuni chiamano Dio.

Questo oceano è UNO ma contemporaneamente è miliardi di goccioline che si sentono individui a se stanti grazie a un proprio punto di osservazione.

Tu non sei solo Milo, tu sei Consapevolezza Infinita che sta facendo un'esperienza chiamata Milo.

Questa esperienza ha inizio nella dualità, cioè quando una gocciolina di Uno, il soggetto, che chiameremo Spirito, incontra la materia, l'oggetto, dando vita al punto di osservazione, la coscienza di sé, l'Anima, la quale, periodicamente si munisce di un corpo fisico per calarsi nel mondo e attraverso le esperienze divenire più consapevole di sé.

La fine del gioco è il ritorno a casa. Il ritorno nell'immensità dell'oceano, ognuno col proprio bagaglio di consapevolezza acquisita nelle sue esperienze.

Questo ci consentirà di tornare nell'oceano, ma senza perderci inconsapevolmente nella sua immensità, bensì di diventare noi stessi e consapevolmente l'oceano. In altre parole, si torna a essere Dio, SAPENDO di essere Dio".

Milo restò muto, accovacciato vicino al fuoco. Un turbine gli scompaginò la mente e sentì il suo corpo avvolto in una vertigine mentre gli sembrava di perdere i riferimenti.
L'immagine del fuoco gli rievocava qualcosa di lontano, era sicuro di aver già vissuto quello che stava vivendo, era sicuro di essere già stato un Mago, forse migliaia di anni prima.

Un senso di vuoto lo assalì e gli occhi gli si riempirono di lacrime.

Vide il Mago alzarsi e poi inginocchiarsi di fronte a lui guardandolo dritto negli occhi con un'intensità talmente carica di Amore Infinito da risultare quasi insopportabile.
Poi il Mago, con un gesto gentile gli diede un colpetto con il dito indice sul cuore.

Il suo corpo divenne immobile, radicato al suolo, come se un gigantesco magnete gli avesse risucchiato l'aria dei polmoni. Il tempo iniziò a congelarsi e poi svanì. Tutto era diventato istantaneo. Sentì che l'anima aveva sciolto il suo legame con il corpo e si riversava fuori da ogni poro con sottili fili di luce. Sentiva che la sua identità non era più circoscritta ai limiti del corpo ma comprendeva tutti gli atomi circostanti.

Tutto gli appariva senza veli. Il campo visivo era mutato e gli permetteva di percepire simultaneamente ogni cosa.
Il terreno era diventato trasparente e tutti gli oggetti compresi nel raggio della sua visuale panoramica palpitavano e vibravano per poi fondersi in un mare luminoso. Un oceano di gioia e di beatitudine inesauribile lo invase. Dentro di lui un meraviglioso crescente splendore cominciò ad espandersi e ad irradiare prima la Terra, poi i sistemi solari, le nebulose fino ad abbracciare ogni angolo dell'universo.

Poi improvvisamente il respiro tornò e una delusione quasi insostenibile lo colse, comprese di aver perduto la sua immensità senza fine.

Si rannicchiò vicino al fuoco e rimase in quello stato per ore, o forse per un secondo, poi si addormentò dolcemente.

Sentì qualcosa di umido e ruvido passargli sul volto.

Aprì gli occhi e vide la pupilla quadrata di una capra che lo fissava.

Lo salutò con un belato soddisfatto.

Rimase per alcuni secondi immobile cercando di capire: "Alla buon'ora!" La voce squillante di Dido gli giunse dalla sua destra.

Girò il capo e la vide seduta e sorridente come sempre, con le sue lunghe trecce bionde e quei due pezzi di giada incastonati sopra quel mare di lentiggini.

Ma qualcosa era cambiato. Non vedeva solo il suo corpo, riusciva a vedere oltre, stava vedendo la sua anima luminosa.

"Eravamo un po' preoccupati. Abbiamo visto la bufera e appena è passata siamo venuti a cercarti."

Due cornacchie gracchiavano chiassose, appollaiate sul ramo di un albero nelle vicinanze.

"Vedi? Anche Bulino e Puntasecca hanno partecipato alle ricerche."

Si alzò sui gomiti, si guardò intorno spaesato. Era nel punto esatto dove la bufera lo aveva sorpreso.

Si mise seduto. Si girò stupito verso il sentiero e guardò nel punto della roccia dove aveva trovato la fenditura. Non c'era nulla. Nessuna grotta, nessun Mago.

"Che ti prende?" domandò Dido. "Sembra che tu abbia perso qualcosa."

Possibile che fosse stato tutto un sogno? Come poteva essere sopravvissuto a quella bufera?

Neanche la gamba gli faceva più male.

Rimase attonito e pensieroso mentre in lontananza si udiva, ampliata dal silenzio delle montagne e dall'eco delle valli, una voce stonata che cantava una filastrocca senza senso.

Bulino e Puntasecca smisero di litigare e si guardarono sgomente.

Sul sentiero apparve il Matto, col suo cappello a sonagli e il suo fardello, seguito dallo strano cane senza un pezzo di coda.

Milo si sdraiò per terra e guardò le nuvole sopra di lui che sembravano sorridergli.

Le parole della filastrocca, ora gli si
dipanavano nella mente in tutto il loro
significato.

IO SONO IL MATTO

IO SONO LO ZERO

QUANDO INIZIO' IL GIOCO

IO C'ERO DAVVERO

IO SONO LO ZERO

IO SONO IL MATTO

ADESSO IL GIOCO

E' BELLO CHE FATTO

Un senso di meraviglia lo pervase e capì che, almeno per il momento, il viaggio era finito.

Ricambiò il sorriso alle nuvole, poi sentenziò con fare pensieroso:

"Certo che è proprio strano come cane."

Dido esplose in una risata senza freni ed esclamò divertita:

"Ma, Milo, quello non è un cane, è una lince!"

E si sdraiò con lui a guardare il cielo.

Milo aveva qualcosa che lo infastidiva nella tasca dei pantaloni.

Infilò la mano, rovistò e sentì qualcosa di solido e spigoloso.
Lo estrasse e vide un dado da gioco, uno di quelli che aveva visto sul tavolo del Mago.
Sorrise tra se e se......

Con l'altra mano prese timidamente quella di Dido nella sua e non la lasciò mai più.

Indice

Printed in Great Britain
by Amazon